CATALOGUE

D'ESTAMPES

ANCIENNES & MODERNES

LITHOGRAPHIES & EAUX-FORTES

Tirées du journal l'Artiste

TABLEAUX ET DESSINS

Par Andrieux, Topfer et autres artistes modernes

DESSINS ANCIENS

PRINCIPALEMENT DE L'ANCIENNE ÉCOLE ITALIENNE

Le tout provenant de l'atelier d'un artiste

DONT LA VENTE AUX ENCHÈRES PUBLIQUES AURA LIEU

HOTEL DROUOT, SALLE N° 7

Au premier étage

Les Lundi 8, Mardi 9 et Mercredi 10 Mai 1876

A UNE HEURE ET DEMIE PRÉCISE

Par le ministère de Me **MAURICE DELESTRE**, Commissaire-Priseur,
23, rue Drouot,

Assisté de **M. CLEMENT**, Marchand d'Estampes de la Bibliothèque Nationale,
3, rue des Saints-Pères.

EXPOSITION PUBLIQUE, le Dimanche 7 Mai 1876,
DE DEUX HEURES A CINQ HEURES.

PARIS — 1876

CONDITIONS DE LA VENTE.

La vente sera faite au comptant.

Les acquéreurs paieront cinq pour cent en sus des enchères.

L'Expert chargé de la vente se réserve la faculté de rassembler ou de diviser les lots.

ORDRE DES VACATIONS

Lundi 8 mai 1876.................. N^{os}   1 à 199

Mardi 9 mai 1876...................   200 à 221

    Tableaux et dessins par Andrieux, Topfer
      et autres artistes modernes.

    Gravures en lots.

Mercredi 10 mai 1876. Supplément.   222 à la fin.

    Dessins en lots.

Paris.—Typ. PILLET fils aîné, 5, rue des Grands-Augustins.

DÉSIGNATION

DES

ESTAMPES

ANDERLONI (P.).

1. Jésus et la femme adultère, d'après le Titien. Très-belle épreuve avant la lettre. (Lettres tracées.)

BALECHOU.

2. La force, d'après Nattier. Très-belle épreuve.

BARTOLOZZI.

3. La frayeur. Deux compositions différentes, gravées et imprimées en couleur. — Bacchanales. Deux pièces gravées en bistre par Zancon.

BAUDOUIN (D'après).

4. Les amours champêtres, gravé par P.-P. Choffard (cat. de l'œuvre de P.-A. Baudouin, par M. Emmanuel Bocher, nº 7). Très-belle épreuve.

5. Le jardinier galant (F. B. 25). Très-belle épreuve.

6. Le lever, gravé par Massard (E. B. 29). Très-belle épreuve.

BEHAM (H.-S.).

20 7. Adam et Eve chassés du Paradis. 1543 (B. 7.) Très-belle
épreuve.

BELLAY.

15 8. Vue de Lyon, prise du quai Saint-Antoine, d'après J.-J. de
Boissieu. Très-belle épreuve avant la lettre sur chine.

BENARD (D'après).

2,50 9. La reconnaissance du berger, gravé par Danzel. Très-belle
épreuve avec marge.

BOISSIEU (J.-J. DE).

11 10. Les pères du désert (Rigal. n° 3). Très-belle épreuve.

11. Le pape Pie VII, bénissant des enfants (4). — La prome-
nade du pape Pie VII, sur les bords de la Saône (5).
Deux pièces. Très-belles épreuves.

10,50 12. Les moines au chœur chantant l'office (6). — La soirée
villageoise (7). Deux pièces. Très-belles épreuves.

25 13. L'écrivain public (8). — Quatre tonneliers dans un caveau (9). Deux pièces. Très-belles épreuves. La première est sans marge.

14 14. L'hermitage adossé à des rochers. (11). — Vieillard qui
amuse un enfant qu'une mère assise tient sur ses genoux (12). Deux pièces. Très-belles épreuves.

13 15. Intérieur de ferme (13). — Le maître d'école (14). Deux
pièces. Très-belles épreuves.

4,50 16. Vieux mendiant assis, les deux mains dans son chapeau
(17). Très-belle épreuve.

BOISSIEU (J.-J. DE).

17. Un vieillard faisant lire un enfant (18). — Deux enfants jouant avec un chien (19). Deux pièces. Très-belles épreuves.

18. La leçon de botanique (20). Belle épreuve.

19. Fête champêtre (21). Très-belle épreuve avant l'astérisque après la date; elle est imprimée sur satin et encadrée.

20. Les petits charlatans (22). — Deux tonneliers dans un caveau (23). Deux pièces. Très-belles épreuves.

21. Deux enfants faisant des bulles de savon (25).—Vieillard jouant du hautbois, en présence de deux jeunes paysans (27). Deux pièces. Très-belles épreuves.

22. Vue du passage du Garillano, en Italie (31). — Vue du temple du soleil, de l'arc de Tite et fragment du palais des empereurs (32). Deux pièces. Très-belles épreuves. La seconde est avec la dédicace au duc de La Rochefoucauld.

23. Vue d'Aquapendente, sur la route de Sienne à Rome (33). — Vue du temple de Vesta et des vestiges d'anciens aqueducs, à la gauche d'une campagne (34). Deux pièces. Très-belles épreuves.

24. Vue du sépulcre de Cecilia Metella, à Capo di Bove (35). — Vue du pont de Lucano, sur la route de Rome à Tivoli (36). Deux pièces. Très-belles épreuves.

25. Entrée du village de Lantilly (38). Très-belle épreuve. sur chine.

BOISSIEU (J.-J. DE).

26. Vue de l'Arbresle, en Lyonnais (40). — Vue des bords de la rivière d'Ain (42). Deux pièces. Très-belles épreuves.

27. Intérieur d'une forêt où des bûcherons abattent un vieil arbre (n. 55). Très-belle épreuve ayant la troisième taille sur le ciel à gauche.

28. Deux vaches passant à gué une rivière. Pièce connue sous le nom des grandes vaches (56). Très-belle épreuve.

29. Des hommes au bord d'une rivière, d'où ils viennent de retirer un noyé (57). Très-belle épreuve.

30. Un homme à cheval, un villageois et deux vaches passant à gué une rivière (61). — La cascade. (62). Deux pièces. Très-belles épreuves.

31. Paysage, à droite les colonnes d'un ancien temple (64). — Vieille chapelle entourée d'arbres (65). — Vieux château délabré où est un cabaret (67). — Pavillon des cy devant carmes deschaussés de Lyon (68). Quatre pièces. Très-belles épreuves.

32. Paysage d'un site riche (70). Très-belle épreuve.

33. Entrée d'une forêt (71). — Autre entrée de forêt (n. 72). Très-belles épreuves. La seconde est avant l'astérisque.

34. Paysage où est une baraque en planches et en paille (75). —Pays coupé par une rivière qu'un pâtre, deux vaches et un chien passent à gué (76). Deux pièces. Très-belles épreuves.

BOISSIEU (J.-J. DE).

35. Vue de mer, à droite une vieille tour (80). — Moulin d'Italie (81). Deux pièces. Très-belles épreuves.

36. Suite de dix paysages gravés à l'eau-forte, par Boissieux, peintre. A Paris, chez Basan (84-93). Très-belles épreuves.

37. Paysages dessinés et gravés par J.-J. de B., à Lyon, 1759 (94-99). Suite de six pièces. Très-belles épreuves.

38. Portrait du souverain pontife Pie VII (100). Très-belle épreuve.

39. Vieillard à front chauve (103). — Vieillard vu presque de face, un bonnet sur la tête (104). — Vieille, surnommée la Boudeuse (106). Trois pièces. Très-belles épreuves.

40. Une feuille de quatre études de demi-figures et de têtes (107). — Autre feuilles d'études contenant sept têtes (109). — Autre feuille contenant aussi sept études (110). — Autre feuille de huit études de têtes (111). — Autre feuille d'études de têtes, parmi lesquelles on remarque celle d'un vieillard à qui l'on fait la barbe (112). Cinq pièces. Très-belles épreuves.

41. Vue d'un port (125). Très-belle épreuve. Rare.

42. Buste d'homme, d'après Van Dyck (126). — Portrait d'homme à mi-corps, d'après Teniers (127). Deux pièces. Très-belles épreuves.

43. Villageois prêt à passer une rivière, d'après Berghem (131). Petit paysage montagneux, d'après Berghem (132). Deux pièces. Très-belles épreuves.

BOISSIEU (J.-J. de).

44. La digue rompue, d'après Asselin (133). — Le moulin à eau, d'après J. Ruysdael (135). Deux pièces. Très-belles épreuves.

45. Le moulin de Ruysdael (136). — Pays coupé par un chemin où un homme se repose, d'après Ruysdael (137). Deux pièces. Très-belles épreuves.

46. Un pâtre et un taureau traversant une rivière, d'après Ruysdael (138). — Le repos des faucheurs, d'après Van Velde (139). Deux pièces. Très-belles épreuves.

47. Les grands charlatans, d'après Karel Dujardin (140). Épreuve avant l'astérisque, après la date 1772.

48. Vue du Champ Vert, près de Lyon (43). — Vue d'un petit bois (78). — Paysage où vers la droite, trois femmes lavent du linge (82). — Autre paysage (83). — Pièces modernes et paysages tirés de suites. Huit pièces.

49. Paysages. — Vieillard faisant l'aumône à une vieille qu'un enfant accompagne. — Une feuille de quatre études de demi-figures et de têtes. — Autre feuille de sept études. Cinq pièces. Très-belles épreuves.

BOLSWERT (S. A.).

50. Le Couronnement d'épines, d'après Van Dyck. Belle épreuve.

BONASONE (Attribué à).

51. Le déluge. Pièce en largeur. Très-belle épreuve.

BONINGTON (Richard Parker).

52. Bologna. Très-belle épreuve de la seule eau-forte du maître.

BOROMEO (le comte) et Sa Majesté le roi de Suède.

53. Jardin des îles Borromeo. — Site en Norwége. Deux pièces.

BOTH (J.).

54. Le chariot attelé de bœufs. — Paysage en largeur. Deux pièces.

BOUCHER (D'après).

55. Buste de jeune femme, aux trois crayons. — Têtes d'enfants au crayon rouge, par Demarteau. Deux pièces.

56. Les éléments. Suite de quatre pièces, gravées par J. Daullé. Superbes épreuves avec marge.

57. Vignettes pour l'illustration de Molière. Six pièces.

58. Titre d'un cahier d'amours. — Jeune enfant endormie. — Le puits. — La jeune mère. — L'hermite, etc. Six pièces.

BRY (J.-Th.).

59. Eliezer et Rebecca. Pièce en forme de frise. Très-belle épreuve.

CABEL (A. VAN DER).

60. Paysages gravés à l'eau-forte. Quatre pièces. Très-belles épreuves.

CALLOT (JACQUES).

61. Paysages dessinés à Florence, par Callot (M. 1187-1198). Suite de douze pièces. Très-belles épreuves avant les n°ˢ.

62. Les martyrs du Japon. — Les supplices. Deux pièces. Belles épreuves.

CANALETTI (Ant.).

63. Vues prises en Italie. Deux pièces gravées à l'eau-forte.

CATHELIN et DAULLÉ.

64. Messire J. Pâris de Montmartel. — Marie-Josephe, reine de Pologne, d'après L. de Silvestre. Deux pièces. Très-belles épreuves.

CLAESSENS (L.-A).

65. Quinze sujets divers gravés par L.-A. Claessens, d'après Rembrandt, Van Dyck et autres maîtres. Très-belles épreuves.

COLSON (D'après).

66. L'action, gravé par N. Dupuis. Très-belle épreuve avec marge.

DAUBIGNY.

67. Le coup de soleil. — Le buisson. Deux pièces gravées à l'eau-forte, d'après Ruysdael. La seconde est avant la lettre.

DÉ (Le Maître au).

68. Apollon et Marsias, d'après Raphaël (B. 31). Belle épreuve.

DEBUCOURT (P.-L.).

69. Le retour du chasseur. — Le chasseur au tirer. Deux pièces, d'après Carle Vernet. Très-belles épreuves.

70. Oh! c'est bien çà. Très-belle épreuve en couleur.

71. Napoléon Ier, gravé et imprimé en couleur, en 1807. Très-belle épreuve.

DELACROIX (E.).

72. Chroniques de France. Château de Pontorson. Deux pièces.
Très-belles épreuves sur chine.

DELACROIX (D'après E.).

73. Fac-simile de dessins et croquis originaux, par Alfred
Robaut. 1re et 2e séries, 1864-1865. Deux volumes in-fol.
cartonnés.

DESBROSSES.

74. Waterloo, épisode du chemin creux d'Ohain. Très-belle
épreuve.

DIETRICY.

75. La cascade. — Paysage par Dies. Deux pièces.

DIVERS.

76. La fuite en Égypte et le Grand Coppenol, par Rembrandt.
— Paysages, sujets d'animaux, par Dietricy, Hugon et
d'après Berghem. Neuf pièces.

77. Portraits d'artistes et autres. Paysages. 59 pièces.

78. Eaux-fortes par Masson, Feyen-Perrin. — Quelques pièces
par Delaune. — Vignettes, etc. Douze pièces.

79. Sujets tirés du cabinet Choiseul. — Sépulture de Jésus,
d'après Moreau, etc. Quatre pièces.

DREVET (Claude).

80. Auvergne (Henri-Oswald, cardinal d'), archevêque de
Vienne, d'après Rigaud. Belle épreuve.

81. Fleury (André-Hercules, cardinal de), d'après Rigaud.
Très-belle épreuve avec marges.

DREVET (P.-J.).

82. Bossuet (Jacques-Bénigne), évêque de Meaux, d'après Rigaud. Très-belle épreuve avant les points.

DUBOUCHET.

83. Reproduction de tableaux du musée de Lyon. Quinze pièces publiées sous le titre de : Société des amis des arts de Lyon.

DUCLAUX (artiste lyonnais).

84. Un troupeau au repos, d'après P. Potter. Grande pièce gravée à l'eau-forte. Très-belle épreuve.

DUPONT (M.-H.).

85. Cromwell au tombeau de Charles Ier. Très-jolie petite pièce gravée à l'eau-forte, daprès P. Delaroche. Très-belle épreuve avant la lettre, sur papier de chine.

DURER (ALBERT).

86. Jésus-Christ en prière au jardin des Oliviers (B. 19). Très-belle épreuve.

87. La Vierge couronnée par deux anges (B. 39). Très-belle épreuve.

88. La Sainte Famille au papillon (B. 44). Belle épreuve.

89. L'hôtesse et le cuisinier (B. 84). — Le branle (B. 90). Deux pièces. Belles épreuves.

90. L'Oriental et sa femme (B. 85). Belle épreuve.

91. Le grand cheval (B. 97). Belle épreuve.

92. Les armoiries à la tête de mort (B. 101). Très-belle épreuve mais manquant de conservation.

DURER (ALBERT).

93. La Passion de Jésus-Christ (B. 16-52, des pièces gravées
sur bois). Suite de trente-sept estampes, dont nous n'a-
vons que vingt-quatre. Epreuves avant le texte au verso.

EDELINCK (G.).

94. Santeuil (Jean-Baptiste), chanoine de l'abbaye de Saint-
Victor de Paris, d'après Du Metz (R. D. 311). Belle
épreuve du quatrième état.

EISEN (D'après).

95. Le jour. — La nuit. Deux pièces gravées par Patas.
Superbes épreuves.

96. Les amusements champêtres, par de Longueil. — Les disciples de Flore, d'après Bonnieu, par Godefroy. — Vignettes d'après Desrais. Quatre pièces.

FORTIER.

97. Le café politique. Pièce gravée à l'eau-forte. Très-belle
épreuve.

FRANCO (BAPTISTE).

98. Diane se reposant avec les nymphes au retour de la
chasse (B. 46). Très-belle épreuve avant la lettre.

FREUDEBERG (D'après).

99. Le coucher, gravé par Duclos et Bosse. Belle épreuve.
100. Le petit jour, gravé par N. De Launay. Très-belle
épreuve.

FREY (J. DE) et autres.

101. L'hermite. — Buste de femme par Hollar, d'après
Martin Schongauer. — Des poissons, par Flameng. —
Trophées divers. Cinq pièces.

GELLÉE (CLAUDE).

102. Le naufrage (R. D. 7). Belle épreuve.

GOLTZIUS (D'après H.).

103. Un enfant assis sur une tête de mort, par un graveur anonyme (B. 10). Très-belle épreuve.

GOYA (F.).

104. El famoso Americano Mariano Ceballos. Grande lithographie en largeur. Epreuve sans marge.

GRAVELOT (D'après).

105. Buste de Louis XV, couronné par des figures allégoriques. — Vignettes pour les œuvres de Fenouillat de Falbert de Quingey. Cinq pièces.

GREUZE (D'après J.-B.).

106. Jeune fille lisant, gravé par Marie L.-A. Boizot. Très-belle épreuve.

GREUZE.

106 bis. Le tendre désir, gravé par C. Superbe épreuve.

GRIMOU (D'après).

107. L'Espagnol, gravé par Flipart. — L'écurie souterraine, d'après Casanova, gravé par Ingouf. — Etude d'une tête de femme. Trois pièces

HOLLAR (W.).

108. Le petit chien couché. — Etudes de lions. — Le retour des champs, gravé par J. Vanloo, d'après B. Castiglione Cinq pièces.

109. Portrait du père d'Albert Durer, d'après Durer. Très-belle épreuve.

HUET (D'après J.-B.).

110. Bergers avec leurs troupeaux. Deux pièces gravées aux trois crayons, par Demarteau.

LANCRET (D'après).

111. Les Saisons; suite de quatre pièces gravées par Larmessin. Très-belles épreuves.

LANTARA (D'après).

112. Éclipse de soleil. — Éclipse de lune. Deux pièces gravées par Godefroy.

LAUTENSACK (Hans Sebald).

113. Portrait d'homme à mi-corps (B. 9).

LAVEREINCE (D'après).

114. Qu'en dit l'abbé? gravé par N. de Launay. Superbe épreuve, collée sur carton.

LE BARBIER (D'après).

115. Vignette pour J.-J. Rousseau. — La Géographie, gravée par Jeaurat, d'après Leclerc. — Sainte Geneviève, gravée par Barbié, d'après A. Kauffman.

LE BRUN (D'après).

116. Plafonds de Versailles. Vingt-six pièces. Très-belles épreuves.

LEHMANN (Aug.).

117. Ecce mater tua. Épreuve sur chine.

LEYDE (Lucas de).

118. Abraham et les trois anges (B. 15). Très-belle épreuve.

119. Saint George (B. 121). Très-belle épreuve.

LEYDE.

120. Le poële Virgile suspendu dans un panier (B. 136).
Très-belle épreuve avec une petite marge.

LOUTHERBOURG.

121. La bonne petite sœur. Tranquillité champêtre. Deux
pièces. Très-belles épreuves.

122. Le Matin. — Le Soir. — Vue de Versailles, par Lespinasse.
Trois pièces.

Monogramme H. E.

123. Le petit Jésus au Temple (B. t. XV, p. 461, n° 2). Très-
belle épreuve.

Maître au Monogramme H. L.

124. L'homme de douleurs (B. 4) t. VIII, p. 35. Très-belle
épreuve.

MASSARD (R. U.).

125. L'enlèvement des Sabines, d'après David. Très-belle
épreuve avant la lettre, sur chine.

MASSON (Antoine).

126. Perefixe (Hardouin de Beaumont de), archevêque de
Paris, d'après Mignard (R. D. 61). Très-belle épreuve
du deuxième état.

127. Guise (Marie de Lorraine, duchesse de), princesse de
Joinville, d'après Mignard. Très-belle épreuve.

MARTINET.

128. Le Déshabillé. — Le galant jardinier, etc. Trois pièces.

MARIN (L.).

129. The Woman taking coffee. Pièce gravée en couleurs. Très-belle épreuve.

MAYER (D'après).

130. La danse des ours. — La Danse des singes. Deux pièces gravées par Guttenberg.

MERCURY (P.).

131. Les moissonneurs dans les marais Pontins, d'après L. Robert. Première épreuve tirée avant la totalité des travaux ; elle est avant l'adresse de Chardon, imprimeur. Très-rare.

132. La même estampe. Très-belle épreuve d'artiste, avec les noms à la pointe. Rare.

133. Sainte Amélie, reine de Hongrie, d'après Paul Delaroche. Très-belle épreuve.

MEULEN (A. Vander, d'après).

134. Paysages gravés à l'eau-forte, par Bauduins, Genoels, etc. Huit pièces.

MOCETTO (Girolamo).

135. Le jugement de Midas (B. t. XIII, p. 113, n° 10). Pass. tome 5, p. 136, n° 11. Très-belle épreuve avant l'adresse de Salamanca.

MOREAU (D'après J.-M., le jeune).

136. Déclaration de la grossesse, gravé par Martini. Très-belle épreuve avec privilége du roi.

137. J'en accepte l'heureux présage, gravé par Trière. Très-belle épreuve avec privilége du roi.

MOREAU (D'après J.-M., le jeune).

138. Les précautions, gravé par Martini. Très-belle épreuve avec privilége du roi, avec marge.

139. N'ayez pas peur, ma bonne amie, gravé par Helman. Très-belle épreuve avant la lettre.

140. C'est un fils, monsieur, gravé par Baquoy. Très-belle épreuve avec privilége du roi.

141. Les petits parrains, gravé par Baquoy et Patas. Très-belle épreuve avec privilége du roi.

142. Délices de la maternité, gravé par Helman. Très-belle épreuve avec le privilége du roi.

143. Le rendez-vous pour Marly, gravé par Guttenberg. Très-belle épreuve avec privilége du roi.

144. L'accord parfait, gravé par Helman. Très-belle épreuve avec privilége du roi.

145. Le lever, gravé par Halbou. Très-belle épreuve.

146. La rencontre au bois de Boulogne, gravé par Guttenberg. Très-belle épreuve avec privilége du roi.

147. Les adieux, gravé par de Launay. Très-belle épreuve avec privilége du roi.

148. La petite toilette, gravée par Martini. Très-belle épreuve.

149. Le pari gagné, gravé par Camligue. Très-belle épreuve avant la lettre.

MOREAU (le jeune, d'après).

150. Vignettes pour illustrer les œuvres de J.-J. Rousseau. Huit pièces. Très-belles épreuves.

250 *bis*. Petites réductions des estampes de Moreau et Freudeberg, pour le costume physique et moral au XVIIIe siècle. 17 pièces. Très-belles épreuves.

MORGHEN (R.).

151. La cène, d'après L. de Vinci. Très-belle épreuve.

152. La Vierge à la chaise, d'après Raphaël. Très-belle épreuve.

153. La poésie. — La théologie. — La justice et la philosophie. Suite de quatre pièces d'après Raphaël. Très-belles épreuves.

MORIN (Jean).

154. Portrait du cardinal Bentivoglio, d'après Van Dyck Très-belle épreuve.

MOYSE.

155. La répétition. — La bénédiction de l'aïeul. — Titre pour la société des aqua-fortistes, par Roybet. — Lithographies d'après Raffet et P. Huet. Cinq pièces.

NANTEUIL (Robert).

156. Bellièvre (Pompone de), premier président du Parlement de Paris (R. D. 37). Très-rare épreuve du premier état; manque de conservation.

OSTADE (Adrien van).

157. Les deux commères (B. 40). — Le charcutier (B. 41). Deux pièces. Très-belles épreuves.

OUDRY (D'après).

158. Phylax. — Minette. Deux pièces gravées par Mesnil. Très-belles épreuves.

PARMESAN (F. Mazzuoli, dit le).

159. Saint Pierre et saint Jean guérissant les malades à la porte du Temple, d'après Raphaël (B. 7). Superbe épreuve d'une pièce rare.

PATERRE (D'après).

160. Sujets tirés du roman comique de Scarron. Deux pièces.

PIATTOLI.

161. Chi più guarda meno vede. — A donna piangante, non creder miente. Deux pièces coloriées.

PIERRE (D'après).

162. Le voiage, gravé par C. N. Cochin. — Bouquets de fleurs. Cinq pièces.

PRUD'HON (D'après).

163. En jouir, gravé par Copia. Épreuve avant la lettre.

164. Les vendanges. Lithographie par Aubry-le-Comte.

QUEVERDO (D'après).

165. L'amour qui pleure. — Les deux amants. — Panneau d'ornement représentant l'Hiver. Trois pièces. Très-belles épreuves.

RAIMONDI (Marc-Antoine).

166. Le massacre des innocents (B. 20). — Le satyre et l'enfant. — Sainte Catherine, gravée par J. Bonasone, d'après le Parmesan. Trois pièces.

167. Les trois saintes femmes allant visiter le sépulcre, d'après Michel-Ange (B. 3.). Très-belle épreuve.

RAPHAËL (D'après).

168. Les loges de Raphaël au Vatican. 26 pièces gravées à
la manière noire. Très-belles épreuves avec marges.

REMBRANDT (P. van Rhyn).

169. Fuite en Égypte (B. 53). — Le paysan avec femme
et enfant (B. 131).—Figure d'un vieillard à courte barbe
(B. 151). — Homme à barbe courte et bonnet fourré
(B. 263). — Vieille femme assise (B. 344). Cinq pièces.

170. Grande résurrection de Lazare (B. 73). Cl. 77. C. B. 48.
Belle épreuve.

171. Le petit orfévre (B. 123). Cl. 125. C. B. 94. Belle épreuve.

172. L'abreuvoir de la vache (B. 237). Cl. 234. C. B. 262.
Très-belle épreuve.

173. Portrait de Jean Lutma (B. 276). — Portrait de Rembrandt
en ovale (B. 23). Deux pièces. Belles épreuves.

174. Portrait de Jean Asselin, surnommé Crabbetje (B. 277).
Cl. 274. C. B. 171. Belle épreuve.

175. Portrait de Rembrandt vu de face et riant (B. 316). Très-
belle épreuve. Rare.

176. Première tête orientale. — Le jeune Harring. — Le
joueur de cartes. — Tête d'homme par Ribera. Quatre
pièces.

RENI (Guido).

177. La Vierge avec l'enfant Jésus (B. 4). — Combat de cava-
lerie au pied d'un arbre, gravé par J. Courtois, dit le
Bourguignon. Deux pièces. Très-belles épreuves.

RENI.

178. Saint Christophe (B. 14). — Académie d'homme, par Micarina. — Moïse exposé sur le Nil, d'après Piccioni. Trois pièces. Très-belles épreuves.

RIBERA (G.).

179. Saint Jérôme (B. 5). Belle épreuve.

SCHMUTZER (J.).

180. Saint Ambroise et l'empereur Théodose, d'après Rubens. Très-belle épreuve avant la lettre.

SICARDI (D'après).

181. Quatorze pièces en noir et en couleur, gravées par Mecou, seront vendues sous ce numéro.

SOULANGE-TEISSIER.

182. La vache à l'abreuvoir. — Le mouton couché. Deux lithographies d'après Brascassat et Mlle Rosa-Bonheur.

SWANWELT et RUCKER.

183. Paysages. — Intérieur d'un parc, par Saint-Non, d'après Robert. Quatre pièces.

THEOLON (D'après).

184. Invocation à l'Amour, gravé par Guttenberg. Très-belle épreuve.

ULIET (J, George van).

185. Les arts et métiers. Suite de dix-huit estampes (B. 32-49). Très-belles épreuves.

VANLOO (D'après).

186. Portrait de madame de Sabran, gravé par Chereau le jeune. Très-belle épreuve.

VEYRASSAT.

187. Le bac, paysage. — Le soir au village, par Weber. — Petits paysages, par Bergeret. Cinq pièces.

VORSTERMAN (Lucas).

188. Le retour d'Egypte, d'après Rubens. Très-belle épreuve.

WATTEAU (D'après).

189. Le galant jardinier, gravé par de Favannes. — Sujet militaire. Deux pièces.

WILLE (J.-G.).

190. La ménagère hollandaise, d'après G. Dow. Très-belle épreuve.

191. Les musiciens ambulants, d'après Dietricy. Très-belle épreuve.

192. Tencin (Petrus de Guérin, cardinal de), d'après Parocel. Très-belle épreuve.

DESSINS

ANONYME ITALIEN.

193. La Visitation. A la plume et à l'aquarelle.

194. La résurrection de Notre-Seigneur Jésus-Christ. Aux trois crayons.

BERGHEM.

195. La fileuse. A la pierre noire et à l'encre de Chine.

CUYP (Albert).

196. Moutons et vaches. Dessin au crayon noir.

MARCOTTI.

197. Portraits du Pérugin et de Raphaël. Au crayon noir.

MINIATURES.

198. La Présentation au temple et l'Assomption de la Vierge. Deux miniatures sur vélin.

SARTO (Andrea del).

199. Une sibylle. A la plume et au bistre.

DEUXIÈME VACATION

ESTAMPES EN NOMBRE

ET

LOTS NON CATALOGUÉS

BARYE.

200. Lion de Perse. — Combat. — Une lionne et ses petits. — Etude de tigre. Huit pièces.

CARICATURES.

201. Sous ce numéro, il sera vendu environ quatre à cinq cents pièces politiques et autres, caricatures anglaises, anciennes caricatures sur M. Mayeux, etc.

DECAMPS.

202. Deux chiens couchés à l'entrée de leur chenil. Pièce rare, gravée à l'eau-forte. Du premier état avant la lettre.

DECAMPS.

203. L'an de grâce 1840. — La France pleure les victimes. Deux pièces. Très-belles épreuves.

204. Le petit Savoyard. État inconnu jusqu'à ce jour, avant la lettre et avant la publication du journal l'Artiste.

204 bis. La même pièce, premier état. 132 épreuves, sur blanc et sur chine.

205. Récréation. Premier état. Quarante et une épreuves sur papier blanc. Vingt-six épreuves sur papier de Chine.

DECAMPS (D'après).

206. Les joueurs de palets, gravé par Kœnig. Quatre épreuves avant la lettre. Dix épreuves avec la lettre.

207. La Musique, gravé par Prevost. Cinq épreuves à l'état d'eau-forte. Une épreuve terminée avant la lettre, une épreuve avec la lettre.

208. La cuisine, gravé par Tavernier. — Trois épreuves avant la lettre.

209. Sancho Pança, gravé par Prevost. — Soixante-trois épreuves avant la lettre, dont une à l'état d'eau-forte.

210. Don Quichotte, gravé par Prevost. Vingt-huit épreuves avant la lettre. Quatre-vingt-quatre épreuves avec la lettre.

211. Une école en Turquie, gravé par M. Henriquel-Dupont. Premier état avant la lettre et avant le tirage du journal l'Artiste.

212. Un chien bouledogue, gravé par Prevost. Epreuves à l'eau-forte et avant la lettre.

DECAMPS (D'après).

213. Chiens de chasse, gravé par Collignon. Deux épreuves.

DELACROIX (E.).

214. Jeune tigre jouant avec sa mère. Huit épreuves.

GAVARNI.

215. Sous ce numéro, il sera vendu environ 150 pièces, titres de romances et autres sujets publiés dans le journal l'Artiste.

GRANDVILLE (D'après).

216. Sujet tiré de l'Avare, comédie de Molière, gravé par Tavernier. Trente-six épreuves avant la lettre. Autre sujet tiré de la même comédie, gravé par Prevost. Trois épreuves avant la lettre, dont une à l'état d'eau-forte.

PIGAL (D'après).

217. La partie de cartes, gravé par Prevost. Tirage à l'état d'eau-forte. Neuf épreuves.

ROBERT (LÉOPOLD).

218. Le joueur de mandoline. Quatre-vingt-six épreuves avant la lettre et la bordure, sur chine et sur blanc.

219. Jeune mère avec son enfant. Vingt-trois épreuves avant la lettre et la bordure.

ROBERT (D'après L.).

220. Les moissonneurs dans les marais Pontins, gravé par Mercury. Epreuves sur chine et sur blanc.

220 *bis*. Sous ce numéro, il sera vendu un grand nombre de lithographies, dessins et tableaux, par Andrieux, Topfer et autres.

TROISIÈME VACATION

SUPPLÉMENT

DESSINS ANCIENS

ABBATE (Nicolas dell')

222. La Victoire. — Sujet religieux, par un anonyme. Deux dessins à la plume et au bistre, rehaussés de blanc.

ALFANI et **F. VANNI**.

223. La Vierge et différents saints. — Croquis et études diverses. Six dessins à la plume, au bistre et encre de Chine. Plusieurs proviennent de la collection Reynolds.

ALLORI (A.).

224. Un apôtre. — Autre apôtre, par un anonyme. Deux dessins à la pierre noire et à la plume. Collection Richardson.

ANJOU (Mgr le duc d').

225. Vue prise sur les bords d'une rivière. A la plume. — Petite vue par Della Della. Deux dessins.

ANONYME.

226. Jeux d'amours. Dessin en forme de frise. A la sanguine et encre de Chine.

BELLINI (Attribué à G.).

227. Saint Jérôme. Beau dessin à la plume et à l'encre de Chine.

BOLL (Hans).

228. Paysage. A l'encre de Chine, rehaussé de blanc.

229. Paysage. Dans le fond on aperçoit une ville. A la plume, lavé de bistre et rehaussé de blanc.

BOSCOLI (Andrea).

230. Sujet mythologique. A la plume et au bistre.

BOUCHER (F.).

231. Deux femmes et un amour sur les nues. Beau dessin aux divers crayons. Encadré.

BUONAROTTI (École de Michel-Ange).

232. Différentes figures d'hommes et de femmes pour une de ses grandes compositions. Beau dessin à la pierre noire. Collection John Barnart.

CALIARI (Paul, dit Paul Véronèse).

233. Jésus à table avec les disciples d'Emmaüs. Beau dessin à la plume, au bistre et rehaussé de blanc. Collection sir Joshua Reynolds.

234. Croquis. — La Vierge et l'enfant Jésus. Deux dessins au crayon noir. Collection sir Joshua Reynolds.

CAMBIASO (Lucas).

235. Un évangéliste. — La mise au tombeau. Deux dessins à la plume et au bistre.

236. Le repos en Egypte. Deux compositions différentes. A la plume et au bistre.

237. Saintes familles. Trois dessins à la plume et au bistre.

CAMPAGNOLA (J.).

238. Paysage italien. Beau dessin à la plume et au bistre.

CARAVAGE (Polydore de).

239. Dessin d'ornementation pour une colonne. Au bistre. — Collection Mariette.

240. Les Israélites sortant d'Egypte et emportant avec eux les vases d'or et d'argent que les Egyptiens leur avaient prêtés. Beau dessin à l'encre de Chine, rehaussé de blanc. Ce dessin a été gravé par Chérubin Alberti et est accompagné de la gravure.

241. Un homme à cheval combattant, d'après Raphaël. A la plume.

CARRACHE (Aug.).

242. Les trois grâces. A la plume et au bistre. Ce dessin a été gravé par le maître.

243. La Vierge et l'enfant Jésus. — Saint Sébastien. Deux dessins à la plume et au bistre ; un provient de la collection de sir Joshua Reynolds.

CARRIERA (Rosalba).

244. Etudes de têtes. Aux trois crayons. Collection de sir Joshua Reynolds.

CHODOWIECKY (D.).

245. Ein Polnisches Jubeljahr und Busdpredigt, in Cracau gezeichnet, 1780. D. Chodowiecky del. Cracovia. Beau dessin à la plume et lavé à l'encre de Chine. Il porte la signature autographe du maître.

CONEGLIANO (J.-B. Cima, dit il).

246. La Vierge sur un piédestal, avec saint François et saint Jean. Beau dessin au bistre.

CIGOLI (Le chevalier L. Cardi, dit).

247. Saint Jean. Beau dessin au bistre, rehaussé de blanc. Collection de sir Joshua Reynolds.

COSTUMES.

248. Différents costumes militaires français et allemands. Dessins et gravures coloriées.

DIVERS.

249. Etudes de bateaux. — Etudes de lions. — Vue d'un monument et autres sujets. Six dessins à la plume et à la sanguine.

250. Etudes et croquis. Quatre dessins aux divers crayons; un provient de la collection P. Lely.

251. Etudes de têtes, de pieds, etc. Treize dessins aux divers crayons.

DORIGNY (Louis).

252. Plafond du palais du comte Allegri, à Cuzzans. Beau dessin à la plume, lavé de bleu.

EMPOLI (Jacopo da).

253. Jeune femme debout, en pleurs devant une urne. Au bistre. Collection Richardson.

FARINATO (Paul).

254. Guerrier conduisant un char de triomphe. Beau dessin à la pierre noire et au bistre, rehaussé de blanc.

DE FAVANNES.

255. Militaires apprenant le maniement des armes. Suite de quinze dessins à la pierre noire.

FLANDRIN (H.).

256. Deux apôtres. Deux dessins à la pierre noire. Signés.

GIRODET-TRIOSON (A.-L.).

257. Hector et Andromaque. Composition de forme ronde. A la plume et au bistre.

258. Deux hommes en prière. — Etudes de têtes. — Croquis pour son tableau du Déluge. Trois dessins au crayon noir, à la plume et à la sanguine.

GOZZOLI.

259. Etude de cinq figures pour une de ses compositions. A la plume.

GRIMMER (J.).

260. Dessin d'un autel, avec personnages en prière. A la plume.

GUERCHIN (F. Barbieri, dit le).

261. Un moine. — Étude d'homme, par un maître de l'école de Raphaël. Deux dessins à la plume.

GUERIN (P.-N.).

262. Coriolan plaidant sa cause devant le peuple romain est condamné à mort par un tribun du peuple et défendu par la jeunesse de Rome, qui repousse les édiles envoyés pour l'arrêter. Beau dessin à la plume et au bistre, rehaussé de blanc. Encadré.

HUET (J.-B.).

263. Une vache couchée. Aux divers crayons. Signé et daté 1778.

264. Moutons et chèvres. Beau dessin à l'aquarelle. Signé et daté de 1781.

265. Différents croquis d'hommes et d'animaux divers. Beau dessin aux trois crayons.

ISABEY.

266. Dessin de la voiture du sacre de Napoléon Ier. A la mine de plomb.

JOYANT (J.).

267. Vue du grand canal. — San Pietro di Castello. — Pont du Rialto vu du palais Manin. — Palais Foscari. — Vue de la piazzetta Saint-Marc, etc. Six beaux dessins à la pierre noire et à la mine de plomb.

LA FAGE (R. de).

268. Bacchanale. Beau dessin à la sanguine.

LAIRESSE (G. DE), et autres.

269. Jésus et saint Thomas. — Bethsabée au bain. — Un évangéliste, etc. Quatre dessins à l'encre de Chine et au bistre.

LEBRUN (Ch.).

270. La toilette de Bacchus. Beau dessin à l'encre de Chine et à la sanguine.

LE PRINCE (J.-B.)

270 *bis*. Paysage animé de figures. Beau dessin au bistre, signé et daté, 1777.

ANONYME ALLEMAND.

271. Pyrame et Thisbé. Dessin de forme ronde. A l'encre de Chine, rehaussé de blanc.

MAITRES ANONYMES ITALIENS (xve, xvie et xviie siècles.)

272. Un guerrier à cheval. Très-curieux dessin du xve siècle. A la plume et au bistre.

273. Compositions d'ornements. Deux très-beaux dessins à la plume. Collection Richardson.

274. Une statue sur un piédestal ; au verso, des études d'amours. Beau dessin à la plume.

275. Une assemblée de dieux. Dessin au bistre, forme de frise.

276. Jésus à table avec les disciples d'Emmaüs. Au bistre, rehaussé de blanc.

277. Différents croquis sur une même feuille. A la plume. Collection sir Joshua Reynolds.

278. La prudence. — La justice. Deux dessins au crayon noir et au bistre.

ANONYMES.

279. Une sybille. — Jeune femme tenant un enfant sur ses genoux. Deux dessins à la plume et au bistre, rehaussés de blanc.

280. Académie d'homme nu. Etudes de draperies. Deux dessins à la plume. Le premier provient de la collection Richardson.

281. Le Christ en croix. — Thisbé. Sujet allégorique. Trois dessins au bistre et à la sanguine.

282. Guerrier ramassant son camarade blessé. — Paysage italien. Deux dessins au bistre.

283. Sujet allégorique. Composition pour un plafond. Beau dessin à l'encre de Chine, rehaussé de blanc, sur papier bleu. Collection John Barnaro.

MANTEGNA (Ecole de).

284. Montant d'ornement, avec deux femmes se tenant par les mains. A la plume et au bistre, rehaussé de blanc.

MARTIN (Frédéric).

285. Vue de Stockholm prise dans le jardin de Mose-Baeke au Sudermalm. Aquarelle faite en 1797.

MAZZUOLI (F., dit le Parmesan).

286. Une sybille. — Un enfant debout, etc. Trois dessins à la sanguine et à la plume. Collection sir Joshua Reynolds.

287. Sainte famille. — Sujet allégorique et croquis divers. Cinq dessins à la plume et à la sanguine.

MIGNARD (P.).

288. Tête de Vierge. A la sanguine.

NOVELLARA (Selio de).

289. Etudes d'homme et de femme nus. A la sépia.

ORNEMENTS (Dessins d').

290. Sous ce numéro, il sera vendu environ cent dessins
d'ornementation , projets d'architecture, vues de monuments, etc.; la plupart sont des dessins à la plume, lavés
d'aquarelle.

OUDRY (J.-B.).

291. Etudes de chiens. — Une chèvre couchée. Deux dessins
au crayon noir, rehaussé de blanc.

PALMA (J.).

292. La Vierge et l'enfant Jésus. — Etudes et croquis divers.
Cinq dessins à la plume et au bistre.

PALMA, TESTA et autres.

293. Une descente de croix. A la plume et au bistre.

294. Etude d'homme nu , assis dans un paysage. A la plume.

PASSINI (G.).

295. Différentes compositions religieuses. Trois dessins à
l'encre de Chine et à l'aquarelle, montés sur une même
feuille.

PIOMBO (Sébastien del).

296. Un apôtre. Etude pour une Transfiguration. Au crayon
noir; provient de plusieurs collections célèbres.

PONTORMO (J. Carrucci, dit).

297. La justice. — L'adoration des bergers, par un anonyme
italien. Deux dessins à la pierre noire et au bistre. Collection de sir Joshua Reynolds.

POUSSIN (Nicolas).

298. Un sacrifice. Beau dessin en forme de frise. Au bistre.
Collection Richardson.

299. Figure grotesque. Au bistre. Collection de sir Joshua
Reynolds.

300. Paysage avec figures d'homme et de femme. A la plume.

PRIMATICE (Francesco).

301. Cérès, Bacchus, Vénus et l'Amour. Beau dessin à la sanguine, rehaussé de blanc.

PUGET (P.-P.).

302. Groupe pour un monument. A la plume et encre de
Chine.

REGNAULT.

303. Portraits de Bertholet et Lagrange. Deux dessins au
crayon noir, rehaussés de blanc. Encadrés.

RENI (Guido).

304. L'Amour endormi. — Jeune garçon debout, par un anonyme. Deux dessins au bistre et à la sanguine.

RICCIO ?

305. Le Christ et les apôtres. A la plume et encre de Chine.—
Etudes d'homme et de femme. A la plume et à la sanguine. Deux dessins. Collection sir Joshua Reynolds.

RIDOLFI (MICHEL).

306. Une femme à genoux et une tête d'homme, sur une même feuille. A la sanguine.

ROBER (HUBERT).

307. Monuments en ruines, avec statues et figures sur le devant. A l'encre de Chine, lavé d'aquarelle.

ROBERT (J.).

308. Portrait de l'auteur. Beau dessin au crayon noir, rehaussé de blanc.

ROMAIN (JULES).

309. Un combat. — Guerrier sur un char. Deux dessins au bistre et encre de Chine, rehaussés de blanc; un provient de la collection de sir Joshua Reynolds.

309 bis. Mercure. — Sujet allégorique. Deux dessins à la plume et au bistre.

310. Le serpent d'airain, composition pour un plafond. Beau dessin au bistre, rehaussé de blanc. Collection sir Joshua Reynolds.

311. Les enfants vendangeurs. Beau dessin à la plume.

312. Un grand nombre de personnages rassemblés autour d'un homme entouré de serpents, qui harangue la foule. Beau dessin au bistre.

313. Cariatide formée par un satyre dont le corps finit en rinceaux d'ornement. A la plume et au bistre. Collections Malvazio, Crozat et Mariette.

RUSTICI (Gabriel).

314. Etude pour un Repos en Egypte. — Autre étude pour une Mise au tombeau, par un anonyme. Deux dessins à la plume et aux divers crayons. Collection de sir Joshua Reynolds.

SACCHI (Ant.).

315. La Vierge et l'enfant Jésus, entourés de différents saints, Etude pour son tableau de la Madonna della Gatta. A la sanguine.

SALIMBINI.

316. Les vendangeurs et un autre sujet allégorique, deux sujets représentés sur un même dessin, dans un entourage ornementé. Beau dessin au bistre, rehaussé de blanc.

SANZIO (Ecole de Raphael).

317. Un satyre. — Une cariatide. Deux dessins à la plume et au bistre, rehaussés de blanc. Collection sir Joshua Reynolds.

318. Deux apôtres et une figure d'ange. — Un saint en méditation. Deux dessins à la plume et au bistre.

319. Buste de femme vue de face et dirigée vers la droite. Beau dessin au bistre et à l'encre de Chine.

320. Etude d'homme vu de dos. A la pierre noire. Collection sir Joshua Reynolds.

321. Un cavalier; au verso, bustes d'hommes d'après l'antique. — Études de draperies. Deux dessins à la plume.

322. Études de deux hercules. A la plume. Collection de sir Joshua Reynolds.

323. Apprêts pour un sacrifice. Beau dessin à la plume, en forme de frise.

324. Un roi, entouré d'un grand nombre de personnages, reçoit la soumission d'un jeune guerrier. Beau dessin au bistre, rehaussé de blanc.

SARTO (Andrea del).

325. Groupe de guerriers bénis par un évêque suivi d'un diacre, à la porte d'un monastère. Beau dessin au bistre, rehaussé de blanc.

326. La Visitation, composition de six figures. A la plume, sur papier bleu.

SCHONGAUER (École de Martin).

327. Saint Étienne et sainte Agnès. A la plume.

SIGNORELLI (L.).

328. Étude d'une tête d'homme. Au crayon noir.

SMUGLEWICZ (Franz).

329. Un sacrifice. Beau dessin à la plume et au bistre.

330. Sujet d'ornementation pour un plafond. A la plume et au bistre. Provient de la collection Mariette.

331. Cartouche d'ornement entouré de figures de femmes et d'amours. A la plume et au bistre.

332. Dessins de coffres, lustres, etc. Quatre dessins à la plume et au bistre.

333. Une Muse. Au crayon noir.

TINTORET (J. Robusti, dit le).

334. Études pour différentes compositions religieuses. Neuf
dessins à la plume et au bistre.

VAGA (Perino del).

335. Jupiter entouré de Diane, de Minerve et autres divinités
Beau dessin au bistre rehaussé de blanc.

336. La Vierge avec l'enfant Jésus. A la plume et au bistre.
Collection Reynolds.

337. La Poésie et deux autres figures d'homme et de femme.
A la plume. Collection sir Joshua Reynolds.

338. Dessin d'ornementation pour un plafond. Composition
au recto et au verso. Faite pour le pape Paul III en 1550.
Au bistre rehaussé de blanc.

339. Groupe de nymphes et d'amours. Au bistre rehaussé de
blanc.

340. David terrassant Goliath. A la plume et au bistre.

341. Suzanne et les deux vieillards. Au bistre rehaussé de
blanc.

VANNI (F.).

342. La Vierge et l'enfant Jésus, entourés de quatre saints. A
la plume et encre de Chine.

343. La Vierge et deux saintes. Beau dessin aux trois crayons.
Collection sir Joshua Reynolds.

VANUCCI (Pierre, dit le Pérugin).

344. Étude de différents saints, sur une même feuille. A la
plume et au bistre. Collection sir Joshua Reynolds.

VANUCCI.

345. Étude pour un Ecce homo. A la plume, rehaussé de blanc.

346. Étude de femme assise, de l'école de Raphaël. A la plume et au bistre.

VAROTARI (ALESSANDRO).

347. Jeune femme nue étendue par terre ; elle est vue en raccourci. Aux deux crayons. Collection Vallardi.

VELDE (ADRIEN VAN DE).

348. La vache qui pâture. Beau dessin à l'encre de Chine et au bistre.

VECELLI (TITIANO, dit le TITIEN).

349. Le couronnement de la Vierge. Beau dessin capital au bistre, rehaussé de blanc. Collection W. Esdaile.

350. Portrait de l'Arioste. — Portrait d'homme par Rubens. Deux dessins à la plume et crayon noir.

351. Paysages italiens. Deux beaux dessins à la plume.

352. Étude d'homme écorché. A la plume et au bistre.

VERNET (J.).

353. Vue de rochers, avec personnages sur le devant. A la pierre noire.

VECELLI (TIZIANO, et autres).

354. Sainte Famille. — Études d'anges et d'amours. Quatre dessins à la plume, encre de Chine et bistre. Le premier est rehaussé de blanc et provient de la collection Reynolds.

VERNET (C.).

355. La diligence. Dessin à la plume et au bistre.

VINCI (LEONARDO DA)?

356. Étude d'une main. A la plume.

VOLTERRA (DANIELE DA).

357. Paysage italien. Beau dessin à la plume.

ZILETTI (BERNARDO).

358. Andromède attachée à un rocher. Deux compositions différentes, de forme ovale. Au bistre.

ZUCARO (F.).

359. Buste d'un jeune homme et étude de mains. Beau dessin aux trois crayons.

360. Sous ce numéro, il sera vendu cinq à six cents dessins, la plupart de l'École italienne.

Note Lacroix

1er —   — 7.50   hocquet
2o   5.50   finardon
3e   6.50   hocquet
4e   5 —   finardon
5e   6 —   hocquet
6   14   hocquet
____

201 —   24 pièces Monnier — 24 lechevallier
          67 brassier   10
          24 caricatures   —   3
          un lot   ——   8 cl

          un
          un lot — 69u   — 16 — cl